Pearson Scott Foresman

Libritos de práctica de fonética 16A–30C

Volumen 2

Scott Foresman
is an imprint of

Glenview, Illinois • Boston, Massachusetts • Chandler, Arizona
Upper Saddle River, New Jersey

ISBN-13: 978-0-328-50223-3
ISBN-10:   0-328-50223-5
2 3 4 5 6 7 8 9 10 V011 14 13 12 11 10
CC1

UNIDAD 4

UNIDAD 5

UNIDAD 6

Una mudanza inesperada

por Mara Mahía

Sufijos –ado, –ada, –ido, –ida

cansada	confundida	demasiado	derretido
emocionada	enseñado	entusiasmada	inesperada
interesada	perdida		

Palabras de uso frecuente

algo	ciudad	mal
playa	verdad	

—¿No estás entusiasmada? —preguntó
mamá—. Nueva York es hermosa.
—Sí, muy bonita, pero no estoy muy
interesada. No tiene playa —dijo Ida.
—¿Cómo que no tiene playa?
Manhattan es una isla —me explicó.

La verdad es que cuando llegamos
a Nueva York estaba confundida.
Todo me pareció demasiado grande,
demasiado ruidoso, demasiado sucio.
Cerca de Portland, en Maine, mi ciudad
está muy limpia y es muy pequeña.

Lo peor de mudarnos fue despedirme de mis amigos. En la escuela tenía muchos amigos. Siempre jugábamos al futbol en la calle. Pero en Nueva York... ¿cómo haré amigos en una ciudad tan grande?

Nuestro nuevo barrio no me gustó
mucho. El único parque que hay se
llama Tompkins Square y ahora, en
invierno, no se ve mucho verde. No sé
cómo será en verano, cuando se haya
derretido toda la nieve.

Mi primer día en la escuela tampoco me
gustó mucho. Muchos niños me miran
como si fuese algo raro. Tampoco sé
si les gusta jugar al futbol. Tal vez sólo
juegan básquetbol o béisbol. Me siento
perdida y cansada.

Hoy nevó sin parar. Ayudé a mamá a
despejar la nieve de la calle y conocí
a Luis. Luis es muy simpático y me ha
enseñado todo el barrio. El papá de
Luis vende bicicletas.

He descubierto que a mis compañeros
de escuela también les gusta el futbol.
Tengo varios nuevos amigos. Estoy
emocionada, esta tarde jugamos un
partido en el parque. Nueva York no
está tan mal.

Cándido se ha mudado

Sufijos -ado, -ada, -ido, -ida

aburrido	agotada	bienvenida
cansado	desolado	encantado
helada	nevada	olvidado
partido	preferida	querida
recibidos	salida	sentada

Palabras de uso frecuente

amigos   ciudad   jugar   mar   salió

A Cándido le gustaba la nieve. Como vivía en Chicago, su salida preferida era pasear por la ciudad cuando estaba toda nevada. Nunca se sentía cansado en su ciudad helada, como su amiga Ada. Ella siempre acababa agotada y sentada en una banca.

9

Un día, la familia de Cándido se mudó a Miami. Hacía mucho calor. Había mar y sol, pero no había nieve. Cándido se sentía aburrido y desolado sin sus amigos.

Un sábado por la tarde, Cándido salió a pasear por el malecón frente a la playa. Vio a unos niños jugando futbol en la arena.

—Ven a jugar un partido con nosotros—le dijo una niña, dándole la bienvenida.

Pasaron unos días y Cándido estaba encantado con sus nuevos amigos. No se había olvidado de Chicago, su ciudad querida. Pero ahora pensaba que los cambios deben ser bien recibidos.

Querida hermanita

por Mara Mahía

Sufijos –ado, –ada, –ido, –ida

cansada	cansados	confundido	divertido
emocionados	entusiasmado	querida	

Palabras de uso frecuente

abuela	claro	hambre
idea	verdad	

11

Todos estaban muy emocionados
pero a Pedro no le gustaba la idea
de tener una hermanita. ¿Para qué
la necesitaba? Ya tenía amigos en la
escuela. Y era muy divertido jugar
con papá.

—¿Hablará mucho? —preguntó a su
mamá.

—No, Pedro, al principio no hablará
nada —respondió su mamá.

—Entonces, ¿cómo vamos a saber qué
dice? —preguntó confundido.

—Los bebés hablan llorando —explicó
la mamá.

—¿Llorando? —preguntó Pedro.

—Claro —intervino el papá—. Cuando
lloran es que tienen hambre o sueño, o
que están cansados.

Pedro no entendía muy bien eso de llorar para hablar. Tampoco entendía cómo sus padres sabrían si tenía hambre o si estaba cansada. La verdad es que no estaba entusiasmado con la idea de tener una hermanita.

Su hermanita dormiría en el antiguo
cuarto de juegos de Pedro. Mamá le
había dicho que podría jugar allí mismo
ya que su hermanita pasaría muchas
horas durmiendo. Eso sí, no podría
hacer mucho ruido.

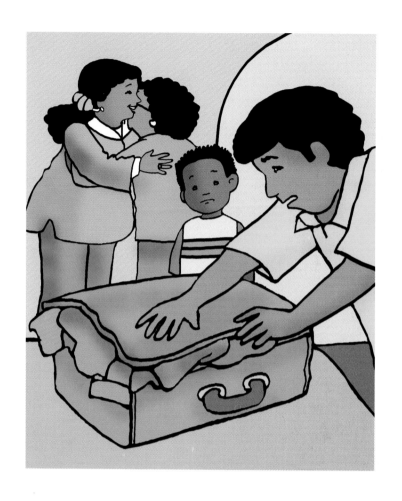

Esa misma noche la mamá y el papá de
Pedro se fueron al hospital. Papá estaba
muy nervioso y no podía ni empacar
la maleta. La abuela se quedaría con
Pedro. Su hermanita nacería esa misma
noche.

Cuando llegaron del hospital, su mamá
estaba cansada pero muy feliz. El papá
permitió que Pedro cargara a su
hermanita en los brazos. Se parecía
mucho a mamá. ¡Ahora sí estaba
entusiasmado!

¡Qué hermoso!

por Mara Mahía

Sufijos *-oso, -osa, -dor, -dora*

amorosa   asombroso   enriquecedora

enternecedor   hermoso

Palabras de uso frecuente

abuela   fueron   igual

triste   ventana

19

Yo tengo un árbol. Sí, es mío. Abuela
lo plantó antes de que yo naciera. Ella
también lo quiere mucho. Mi árbol es
como un amigo. Siempre está ahí frente
a mi ventana.

Él me ha visto crecer, igual que yo lo
he visto crecer a él. Cuando yo era un
bebé enternecedor, como dice abuela,
dormía la siesta a la sombra de mi
árbol. Abuela cuidaba de mi sueño
y siempre fue muy amorosa.

Cuando crecí un poquito más, papá me
hizo un columpio. No fue fácil colgar
la llanta pero al final lo conseguimos.
Fue una experiencia enriquecedora.
Entonces papá me sentó y así pasamos
el verano.

Luego, crecí un poco más y vi mi árbol
crecer y dar frutos.
En otoño se pone triste y se le caen las
hojas. Cuando no hace mucho frío tomo
chocolate sentado al lado de mi árbol.

En invierno, se pone aún más triste. A
veces la nieve lo cubre casi hasta la
mitad. Entonces se ve raro, con medio
tronco desaparecido. Para que no se
sienta solo, mis amigos y yo hacemos
un muñeco de nieve.

Cuando comienza la primavera, todo
se vuelve hermoso. Y cuando digo
todo, quiero decir TO-DO. Empezando,
primero, por mi árbol. Mi árbol tiene
flores lilas y en primavera se llena de
flores.

25

En verano lo pasamos de lo mejor. Papá
y yo hemos hecho una casa en lo alto
de mi árbol. Tengo una escalerita y por
ella subo a la casita de mi árbol para
leer. ¡Tener un árbol es asombroso!

Un tesoro muy valioso

Sufijos -oso, -osa, -dor, -dora

acogedora	ansioso	asombroso
frondoso	hermoso	juiciosa
limpiador	organizadora	purificador
rugosas	valioso	

Palabras de uso frecuente

año	cómo	entre	nuestra	plantas

En la primavera, nuestra clase irá a visitar los arbolitos que plantamos hace un año. ¡Estoy ansioso por ver cómo han crecido!

Nuestra alcaldesa, que es muy juiciosa, fue la organizadora del evento el año pasado. Todas las escuelas de la zona fuimos a plantar árboles alrededor del parque. ¡Qué hermoso quedó!

Al plantar esos árboles, entre todos contribuimos a que el aire sea más puro. Las plantas y los árboles hacen un trabajo purificador. Eso quiere decir limpiador, porque reducen la contaminación. Cuanto más frondoso es un árbol, más limpio el aire.

En mi casa hay muchas plantas, por eso es muy acogedora. Mi preferida es una que tiene unas hojitas muy rugosas. ¡Es asombroso ver cómo crecen!

La naturaleza es un tesoro muy valioso. Tenemos que cuidarla, en casa y en todas partes.

¡Hojoso!

por Mara Mahía

Sufijos –oso, –osa, –dor, –dora

esplendorosa	generador	generadora
hermosa	hermosas	hojosos

Palabras de uso frecuente

cuando	hay	hojas
plantas	ver	

En verano, las hojas son de un verde
esplendoroso. Tan verdes que parecen
que las han pintado. ¿Será que las
pinta alguien? No, era una broma.
Pero, ¿te has preguntado por qué son
tan verdes?

La culpa del color verde la tiene la
clorofila. La clo-ro-fi-la le da el color
verde a las plantas. Una planta se pone
hermosa cuando recibe la luz del sol. El
sol es un generador de clorofila.

Parece un chiste, pero la clorofila ayuda a las plantas a masticar la luz del sol. Cuando hace mucho sol y el tiempo es bueno, las plantas están muy verdes. ¡Están comiendo! La clorofila es la generadora de alimento para las plantas.

¡Qué rica es la luz del sol! Y a las
plantas les encanta. Si están en la
oscuridad se ponen tristes y las flores
se ponen cabizbajas. Pero cuando ven
el sol, se ponen hermosas. ¡Como las
hojas de los árboles en verano!

Pero, ¿qué pasa cuando llega el otoño?
¿Por qué se va el color verde? ¿Te has
fijado en los bellos colores de un roble
en otoño? ¿Y en las hojas de un arce?
Se ponen doradas, amarillas y rojizas.

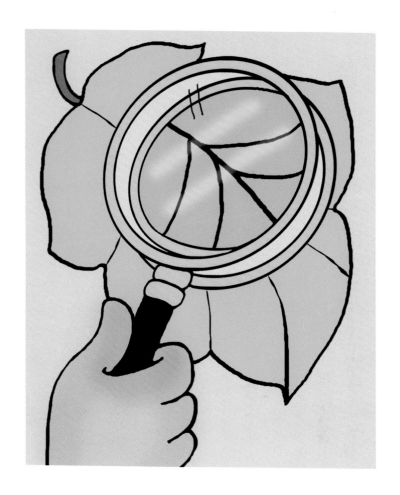

En realidad los colores dorado y rojizo
siempre están en las hojas. Pero en
verano hay tanta luz, que el verde de la
clorofila los cubre y no los podemos ver.
Sólo vemos el color verde.

Cuando llega el invierno hay menos
luz y las plantas comen menos luz del
sol. Necesitan menos clorofila, es decir,
menos verde. Las hojas cambian sus
colores por la luz del sol del invierno.

Tejemanje, Cantamañanas y Nomeolvides

por Mara Mahía

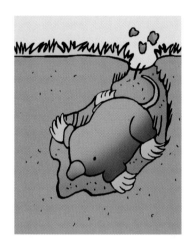

Palabras compuestas

boquiabierta   cantamañanas   duermevela

nomeolvides   quehaceres   sabelotodo

Palabras de uso frecuente

cantar   comida   estaba

muy   noche

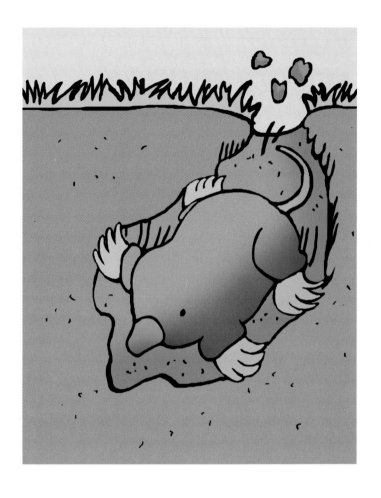

Tejemaneje estaba ocupado haciendo agujeros. Era un topo muy dedicado a sus quehaceres. Es decir a mantener su casa arreglada y prepararse grandes comidas. Porque a Tejemaneje, como a todos los topos, le encanta comer.

Un día se encontró con las raíces de
Nomeolvides que era una planta muy
sabelotodo. Tejemaneje la saludó y
le contó que estaba buscando comida
porque esa noche tenía invitados a
cenar.

Nomeolvides le dijo que en una granja cercana había comida de humanos.

—Sabes bien que la comida de humanos me enferma —dijo Tejemaneje—. Hoy necesito conseguir unos cuantos gusanos.

—¡Gusanos! —exclamó Nomeolvides.
—Es que viene mi familia del norte y a ellos
les encantan los gusanos —dijo el topo.
—A mí no me gusta verlos pero, ¡que no
se los coman! —dijo Nomeolvides.

—Tal vez no deba servir gusanos —dijo
Tejemaneje, y se tumbó en el túnel para
echar una siesta. Pero su duermevela
fue breve. Enseguida escuchó un ruido
muy familiar. "Un gusano", pensó
Tejemaneje.

42

Era Cantamañanas, un gusano muy
famoso que cantaba tangos.

—Hola Tejemaneje —saludó.

—Cantamañanas, esta noche te invito a
cenar —le dijo Tejemaneje.

Nomeolvides quedó muy preocupada
porque pensó que se comerían a su
amigo Cantamañanas. Pero esa noche
Tejemaneje sirvió raíces. Los invitados
comieron mucho y lo oyeron cantar.
¡Nomeolvides quedó boquiabierta!

El saltamontes inteligente

Palabras compuestas

espantapájaros	girasoles	malhumorado
parasol	pasatiempos	quehaceres
Sabelotodo	saltamontes	Salvavidas
telaraña		

Palabras de uso frecuente

debajo   encontrar   estoy   hacer   puede

—¿Dónde estoy? —preguntó despistado el saltamontes Sabelotodo.

—En un campo de girasoles —contestó malhumorado el espantapájaros Gruñón.

—Mi amigo el grillo Guille me invitó a su casa, pero me he perdido —dijo Sabelotodo.

45

—La única que puede guiarte es la araña Salvavidas, pero si no le das nada a cambio te comerá —le avisó Gruñón.

Salvavidas no era perezosa, pero se pasaba todo el día debajo de un parasol. Allí se entretenía con sus pasatiempos en vez de hacer los quehaceres.

Sabelotodo comenzó a temblar cuando vio la enorme telaraña. Salvavidas lo miró fijamente y le dijo:

—Si me ayudas a resolver este rompecabezas no te comeré. Después te ayudaré a encontrar la casa del grillo Guille.

Como él era Sabelotodo, la ayudó con gusto. Y Salvavidas, muy agradecida, no se lo comió.

El rompecabezas de Rábano

por Mara Mahía

Palabras compuestas

altibajos	anteayer	malhumor
malintencionado	rompecabezas	

Palabras de uso frecuente

bajo	casi	hacia
primero	siempre	

Rábano estaba de malhumor porque
no podía terminar su rompecabezas.
A él le gustaba mucho hacerlos, pero
anteayer había perdido una pieza,
y sin ella era imposible completar el
rompecabezas.

—Pobre Rábano —dijo Zanahoria—. No puede terminar su rompecabezas.

—¡Qué horror! con la construcción de ese edificio todo tiembla aquí abajo —dijo Papa—. Y para terminar no hemos podido terminar nuestra partida de ajedrez.

—De todos modos tú siempre pierdes
—dijo Zanahoria.
Papa no hizo caso al comentario
malintencionado y le dijo:
—Creo que debemos ayudar a Rábano,
está pasando por uno de sus altibajos.

Pero, ¿cómo podrían ayudarlo si
apenas podían moverse de donde
estaban plantadas? Lo que sí podían
hacer era estirar sus raíces, que en
realidad eran sus cuerpos. Primero lo
intentó Zanahoria.

—No veo la pieza del rompecabezas
—dijo Zanahoria.

—¡Mira a la derecha! —gritó Papa.

—¡No, a la izquierda! —gritó Rábano,
que de pronto se sentía de buen humor.

—¡Ah, no puedo estirarme más! —dijo
Zanahoria—. Lo siento pero no la veo.
—Lo intentaré yo —dijo Papa. Y Papa
se estiró hasta casi romperse. Pero
tampoco consiguió hallar la pieza.
Rábano estaba desolado.

Entonces escucharon un ruido fortísimo
y sintieron el agua bajo sus pies.
¡Había un pequeño arroyo subterráneo!
Y lo mejor era que la pieza del
rompecabezas de Rábano, navegaba
directamente hacia ellos.

Hechos para volar

por Mara Mahía

Palabras con *h* y con *ch*

ahí	Chula	Chulo	echó
había	habían	haces	hasta
hecho	hechos	huevos	noche

Palabras de uso frecuente

caer	dormir	mientras
nido	otro	

El pájaro había hecho un nido a
principios de primavera. Había puesto
dos huevos. Los había cuidado, mimado
y abrigado dándoles calor. Los había
protegido y al llegar la noche les leía
cuentos a la hora de dormir.

Habían pasado uno, dos, tres días y hasta una semana. Después pasó otra semana y luego otra. La mamá no se había movido del nido. Mientras, Papá se ocupaba de buscar comida.

Un buen día, uno de los huevos
comenzó a moverse. Entonces salió el
pajarito más bonito que Mamá había
visto.

—¡Qué bonito eres! —dijo Mamá—. Te
llamaremos Chulo.

—Ah —dijo Chulo, estirando sus alitas.
—¡Ahí viene el otro! —dijo Papá—. El
trabajo está hecho.
—¡Qué bonita eres! —dijo Mamá—. Te
llamaremos Chula.

Toda la familia estaba muy contenta.
Pasaron los días, uno, dos, tres y
hasta una semana. Después, pasó otra
semana y unos cuantos días más, y
entonces Chula comenzó a mover las
alas sin parar.

—¿Qué haces Chula? Te vas a caer del
nido —dijo Chulo.
—Quiero volar —dijo Chula.
De pronto se echó fuera del nido y en
segundos se elevó en el aire volando sin
parar.

—¡Chulo, vuela, volar es genial! —lo
animó su hermana.

Entonces Chulo se acercó al borde del
nido y extendió sus alas. Mamá y Papá
aplaudieron muy orgullosos.

Chema y los pajaritos

Palabras con *h* y con *ch*

capucha	chamarra	chapulines
chiquitos	chocó	hábil
hacemos	hambre	hierba
hijos	hojas	huevo
leche	pecho	techo

Palabras de uso frecuente

ahora caer dijo hambre nido

Hugo y Chema estaban jugando futbol. Emocionado, Chema pateó el balón con el pie derecho y cayó en el techo de la casa. Tumbó un nido que, al caer, chocó con la hierba. Dos pajaritos rodaron entre las hojas.

—¿Qué hacemos? —preguntó Chema alarmado—. Son chiquitos como chapulines.

—Están recién salidos del huevo. ¡Creo que tienen hambre! —dijo Hugo y fue a la cocina. Regresó con unas migas de bizcocho y leche.

—Ahora hay que llamar a papá —dijo Chema—. Él es hábil y puede subirse en la escalera para devolver el nido al techo.

"Espero que la mamá no eche de menos a sus hijos", pensó Chema preocupado mientras Hugo iba a buscar a su papá.

Con cuidado, Chema metió el nido en la capucha de su chamarra y lo acercó a su pecho. "Voy a mantenerlo caliente hasta que papá lo suba al techo", pensó Chema.

64

El campamento

por Mara Mahía

Palabras con *h* y con *ch*

Charlie	Chela	cheverísimo	Chispa
chocolate	hay	hermanito	hora
hoy	mucho	parchís	

Palabras de uso frecuente

durante jueves mañana
sábado siempre

Lunes: Cuando vi partir a mamá, papá
y mi hermanito Charlie se me llenaron
los ojos de lágrimas. Es la primera vez
que vengo a un campamento y todavía
no sé si me gusta.

Martes: Durante el desayuno me
acordé mucho de Charlie. Cuando
desayunamos jugamos al Veo. Mauri
pregunta ¿qué ves? Y yo digo: una
cosita de color rojo. Y así la pasamos
cheverísimo.

Miércoles: En el desayuno conocí a
Chela, vive en el mismo estado que yo.
Hoy fuimos al río para andar en canoa.
Chela se cayó al agua y luego me caí
yo. Todos nos reímos mucho. ¡Eso sí,
nunca pedí auxilio!

Jueves: Hoy fuimos a montar a caballo.
Chela dice que su abuelo tiene una
granja de caballos. También dice
que puedo invitar a Charlie porque
hay caballos pequeñitos. Mañana los
montaremos.

Viernes: Mi caballo se llama Chispa
y nació en España. Chela monta muy
bien. Su caballo se llama Chocolate.
Me pregunto qué hará hoy Charlie. Los
viernes siempre jugamos nuestra partida
de parchís.

Sábado: Hoy hemos jugado un partido
de básquetbol. Chela es muy alta y
metió muchas canastas. Jugamos más de
una hora pero no ganamos. Creo que
me gusta el campamento.

Domingo: Hoy vinieron mamá, papá y Charlie. ¡Qué alegría! Le mostré el río a Charlie y nos bañamos. Mamá dijo que Charlie puede venir el año que viene.

Luisa y el caimán del Orinoco

por Mara Mahía

Diptongos *ai (ay), ei (ey), oi (oy), ui (uy)*

boina	caimán	coincidencia	cuidado
hay	hoy	ley	Luisa
muy	reina	ruina	voy

Palabras de uso frecuente

abuela	durante	lluvia
país	trabajo	

Nubarrones y lluvia —dijo el hombre
del tiempo.
—Oh —dice papá.
Yo no digo nada porque el tiempo
me da igual.

Mejor dicho: No podía reconocer por
qué el tiempo era tan importante hasta
que Luisa me lo explicó.

—¿Cómo que no lo entiendes? —me dijo
Luisa—. El tiempo es fundamental.

—Cuidado con el tiempo. El tiempo es
muy importante para cada país, y hasta
para cada caimán.

—¿Para cada caimán? —pregunté.

—Sí, para el caimán del Orinoco, por
ejemplo —dijo Luisa.

76

Pensé que Luisa se había vuelto loca.
Pero no es así. Luisa es muy lista y nada
de lo que dice es por casualidad o pura
coincidencia. Coin-ci-den-cia.
—La lluvia puede ser mala, pero también
buena. Hoy lo aprendí.

—¿Cómo puede ser buena y mala?
—pregunté un poco despistado.
—Te lo voy a explicar, si no llueve
durante mucho tiempo los caimanes se
quedan sin agua. La lluvia es la reina de
la naturaleza. Sin ella todo es una ruina.

—Cuando nieva demasiado ocurre lo
mismo. La nieve puede ser muy pesada.
Si nieva mucho se cortan las carreteras
y la gente no puede ir al trabajo.
—La gente y los caimanes del Orinoco...
—Exacto, y tú y yo, y mi abuela —dijo Luisa.

—¿Tu abuela? —pregunté con cuidado.
—Sí, a mi abuela le duelen mucho los
huesos cuando hay humedad. Es como
una ley. En invierno nos abrigamos
mucho para no estornudar, tú te pones
siempre boina.

Los bomberos

Diptongos *ai (ay), ei (ey), oi (oy), ui (uy)*

aire	construir	contribuir
cuidado	estoy	fuimos
hay	hoy	ley
muy	oigamos	paisaje
ruido	ruinas	seis

Palabras de uso frecuente

cuando   fuego   hoy   rojos   tiempo

Hoy fuimos de visita a una estación de bomberos.

Yo estoy contento porque aprendí mucho. Los camiones de los bomberos son rojos. Tienen sirenas que hacen mucho ruido para que las oigamos. Los carros y las personas se deben echar a un lado cuando se acercan los camiones de bomberos. Es la ley.

Los bomberos nos ayudan cuando hay un fuego y alguien queda atrapado. También rescatan animales. Trabajan con cuidado para no quemarse. A veces el aire se llena de humo. Entonces usan máscaras para respirar.

Otras veces hay incendios en los bosques. Cuando pasa mucho tiempo sin llover, la hierba se seca. Si hay días de mucho sol, esa hierba seca se quema y causa un incendio.

Hace seis semanas se quemó una granja cercana. El granero quedó en ruinas. El paisaje que vimos era muy triste. Pero entre todos van a contribuir para construir un granero nuevo.

Ciento veinte días sin lluvia

por Mara Mahía

Diptongos *ai (ay), ei (ey), oi (oy), ui (uy)*

bailando	coincidencia	charquito	hoy
muy	paisaje	principio	ruinas
soy	treinta	veinte	

Palabras de uso frecuente

animales	durante	nadie
playa	tanto	

No llovió durante cuatro meses, o sea,
ciento veinte días. El bosque estaba
muy seco y amarillento. El lago era un
charquito. Al principio del verano los
campesinos miraban la puesta de sol
esperando que al día siguiente lloviera.

Al principio no nos importó e íbamos a la playa todos los días. Nos poníamos mucha crema protectora contra el sol y que no lloviera no parecía ningún problema. Era una coincidencia genial y estábamos encantados.

El primer incendio ocurrió a treinta
millas de nuestro campamento. No se
sabe cómo comenzó pero cuando lo
hizo se extendió rapidísimo.
Llegaron helicópteros y bomberos de
todas las ciudades cercanas.

Ardió todo. Desde el bosque en la cima
más alta hasta los pies de la montaña.
Como no había llovido en tanto tiempo,
el bosque estaba sequísimo. Los
campesinos cargaban cubos de agua
sin parar.

Todos trabajamos sin descanso para apagar el incendio. Los animales huían para salvarse: ciervos, conejos, mapaches, lagartos y zorros. Los campesinos estaban desolados, ¡sus cultivos se habían quemado!

El bosque ardió durante una semana.
Todo el paisaje quedó en ruinas. Nadie
había visto nunca un incendio porque
nadie había visto un verano tan seco.

Hoy, amaneció lloviendo. Para
nosotros fue como una fiesta. Todos
los campesinos salieron de sus casas
bailando y riendo y dando gracias.
Y yo junto a ellos, soy el más feliz de
todos.

90

Timoteo y Timotea

por Mara Mahía

Hiatos *ae, ao, ea, ee, eo, oa, oe, oo*

cae	caos	cooperar	leer
ojeada	poema	tarea	Timotea
Timoteo	veo		

Palabras de uso frecuente

mañana	mientras	plantas
siguiente	tierra	

—Tienes que regar las plantas. Esta
semana te toca a ti —dijo Timoteo.
—Lo sé, estoy hecha un caos. Las
regaré más tarde. Ahora tengo que leer
una lección y luego ir a clase de baile
—dijo Timotea.

Al día siguiente, Timoteo tenía clase
de teatro muy temprano en la mañana.
Pero antes de irse echó una ojeada a
las plantas. No se veían bien, la tierra
estaba seca y agrietada. Timotea no las
había regado.

Antes de acostarse Timoteo cambió
el agua de Poema, un pez que era la
mascota de la casa.

—Buenas noches Poema —dijo Timoteo.
Poema no dijo nada porque en este
cuento los peces no hablan.

Esa mañana, mientras desayunaban,
Timotea le contó a Timoteo que su
bicicleta estaba dañada y que ayer casi
se cae. Él quería saber de las plantas.
—¿Regaste las plantas? —preguntó
Timoteo.

95

Timotea ni contestó. Salió corriendo a
toda prisa.

—¡Buena suerte! —le gritó Timoteo.
Esa tarde, Timoteo no tenía clases y ya
había hecho la tarea. Para ocupar su
tiempo decidió arreglar la bicicleta.

96

Pero Timoteo se dio cuenta de que las plantas estaban secas. Se enojó con su hermana y pensó: "Timotea tiene que aprender a cooperar". Entonces se le ocurrió un plan. Haría la tarta de chocolate más rica del mundo.

Cuando Timotea vio la tarta dijo "qué veo" y enseguida acercó un dedo.

—No podrás comer de esa tarta hasta que no riegues las plantas —dijo Timoteo.

Ella entendió. Pidió perdón a su hermano y corrió a buscar una regadera.

Un paseo con Leo

Hiatos *ae, ao, ea, ee, eo, oa, oe, oo*

buceadores	buceo	cacao	caerse
campeonato	chao	cooperaba	crees
distraerá	héroes	humeante	leerle
marea	preescolar	rompeolas	toalla

Palabras de uso frecuente

feliz hoy paseo siempre todos

Andrea siempre cooperaba con las tareas del hogar. A veces cuidaba de su hermanito Leo después de su clase de preescolar. Le gustaba leerle cuentos de héroes valientes y llevarlo de paseo.

"Hoy iremos al rompeolas", pensó Andrea. "Así Leo se distraerá".

Agarró una toalla por si la marea los mojaba y se fueron.

—¡Mira, Leo, buceadores! —dijo Andrea—. Sus trajes están hechos de un material llamado neopreno. ¿Crees que se ven feos?

Leo la miró sonriendo. Estaba feliz viendo el campeonato de buceo. Se sentaron en las rocas con cuidado para no caerse. Pero al rato sintieron frío.

—¿Qué crees, Leo, si nos vamos a tomar una humeante taza de cacao caliente? —preguntó Andrea.

—¡Sí, qué rico! —contestó Leo.

—Entonces di chao a todos los buceadores, que nos vamos a casita —dijo Andrea.

—¡Adiós, chao! —dijo Leo contento.

El héroe

por Mara Mahía

Hiatos *ae, ao, ea, ee, eo, oa, oe, oo*

caer	crees	héroe	Joaquín
Leo	Paola	realmente	teatro
zoológico			

Palabras de uso frecuente

abuela	algo	caer
fuerza	tanto	

—¡Hoy no! —gritó Joaquín.

—Hijo, lo siento. Hoy debes quedarte con tu abuelo Leo y tu hermanita —dijo la mamá.

—Pero mamá, dijiste que hoy podía ir al ensayo de teatro. ¡Me lo prometiste! —insistió Joaquín.

—Lo sé, mi amor. Te lo pido como un
favor. La abuela Paola debe ir al
hospital y yo quiero acompañarla.
—Pero la abuela está bien —dijo
Joaquin.
—Sí, ¿pero no crees que a ti te gustaría
que te acompañaran en un hospital?

Joaquín no supo qué responder, pero su
hermanita de dos años dijo algo como:
guagaga. No le importaba quedarse
con su abuelo y su hermanita. Al
contrario, le encantaba. Pero hoy era el
ensayo de la clase de teatro.

104

—En dos horas estaré de regreso. Tal vez puedas alcanzar a llegar al ensayo, o puedes ensayar aquí —sugirió la mamá. Joaquín no respondió. Estaba realmente enojado y sabía que no podía ensayar solo.

El abuelo estaba en la cocina
preparando una merienda. Mientras,
la hermanita le trajo a Joaquín un libro
para que se lo leyera, pero él ni que lo
llevaran al zoológico se contentaría.

La hermanita trajo una pelota y la lanzó
con tanta fuerza que tumbó un jarrón.
Al caer, el jarrón hizo tanto ruido que la
hermanita se puso a llorar. Había roto
el jarrón decorado con máscaras, que
era el favorito de su mamá.

La abrazó y la hermanita enseguida
dejó de llorar. Cuando la mamá
regresó los encontró sentados en el sofá
pegando los trozos del jarrón.

—Eres mi héroe —le dijo a Joaquín.

Desesperado

por Mara Mahía

Prefijos *in–, im–, des–, re–*

descuidado	desesperado	desinteresado	desorden
desorganizado	despertaba	despertó	despierte
impaciente	impedirlo	indignada	ingeniosa
recalcado	reunieron		

Palabras de uso frecuente

cantar	gallo	idea
mañana	siguiente	

—¡Otra vez! —dijo indignada la vaca
Muriel.

—Son las doce y no me han dado de
comer —dijo impaciente Memo, el
cerdito.

Aunque se lo habían recalcado mil
veces, el gallo Desesperado se había
quedado dormido otra vez.

Cada vez que Desesperado se olvidaba
de cantar su "kikiriki", en la granja
nadie se despertaba. El día entero
se convertía en un desorden. Pero es
que Desesperado era un gallo muy
descuidado.

—¿Ya son las doce? —preguntó
Desesperado—. Ay, lo siento mucho,
pero es que anoche tuve que dar un
concierto en *Gallópera*.

—¿Cantaste en *Gallópera*? —preguntó
la gallina Paqui, que adoraba la ópera.

Cuando el granjero se despertó era la una de la tarde. Mientras ordeñaba a Muriel dijo enojado: "Como mañana no nos despierte lo voy a vender en el mercado. No necesito un gallo tan desorganizado".

Los animales se reunieron para decir:
—¡Hay que impedirlo! —gritaron todos.
El gallo Desesperado estaba cantando
completamante desinteresado. Y fue
cuando Paqui, la ingeniosa gallina, dijo:
—¡Tengo una idea!

A la mañana siguiente, la voz de
Desesperado los despertó cuando salió
el primer rayito de sol. Cantaba con
fuerza y toda la granja se despertó.
—¡Lo he conseguido! —dijo
Desesperado— ¡estoy cantando!

—Pero, ¿cómo es posible si sólo estoy hablando? —dijo Desesperado.

—Es posible porque tengo todos tus discos —dijo Paqui la gallina.

—¡Nos despertó un disco! —dijeron riendo todos los animales.

Impedir el desorden

Prefijos *in-, im-, des-, re-*

descanso	descuidado	desenrollamos	deseosos
desorden	desperdicios	impaciente	impedir
importante	improvisar	inadecuado	incómodo
informales	reciclar	recolectamos	recortamos

Palabras de uso frecuente

clase   eso   estaba   grandes   hacer

El patio del centro recreativo estaba descuidado. Había muchos desperdicios en el suelo. Los jardines tenían malezas. Era un patio inadecuado e incómodo.

Nuestro grupo de voluntarios estaba impaciente por mejorarlo. Nos organizamos en equipos, deseosos de trabajar sin descanso.

Decidimos hacer recipientes para impedir tanto desorden. Recolectamos cajas grandes. En la clase de arte desenrollamos cartulinas para improvisar dibujos. Cada dibujo indicaba algo de papel, plástico o vidrio que se puede usar otra vez. Recortamos y pegamos los dibujos en los recipientes.

Después, los colocamos por todo el centro. Ahora la gente echa lo que no quiere en uno de nuestros recipientes informales.

Es importante aprender a usar las cosas otra vez. Eso se llama reciclar. Es una forma de reducir la basura. Así cuidamos y conservamos nuestro ambiente limpio.

Refuerzos

por Mara Mahía

Prefijos *in–, im–, des–, re–*

desorganizó	inmóviles	inquietáramos
intranquilizó	reagrupó	refuerzos

Palabras de uso frecuente

abuela	ciudad	hambre
otro	sin	

Al principio el apagón nos intranquilizó y desorganizó un poco. Cuando se fue la luz, yo estaba en la escuela. Nos hicieron salir, como en los ejercicios de emergencia de incendios.

Afuera la maestra nos reagrupó
por barrios. Luego tuvimos que ir
caminando a casa. Nosotros fuimos
con el maestro Felipe, que nos enseñó
muchas canciones para que no nos
inquietáramos. Fuimos caminando
porque no había tren.

Muchísimas cosas funcionan con electricidad. Por ejemplo: el teléfono, el aire acondicionado, el televisor y el estéreo. Y también los semáforos que organizan el tráfico. ¡Imagínate, una ciudad sin semáforos!

Como no había semáforos, todos los autos querían pasar al mismo tiempo. Pero era imposible. El maestro Felipe nos ayudó a cruzar las calles con muchísimo cuidado. Los autos inmóviles hacían mucho ruido con las bocinas.

Abuela limpió el frigorífico y se puso
a cocinar todo lo que había en la
heladera. Pensé que era raro que
tuviera tanta hambre pero después me
di cuenta de que si no cocinaba, la
comida de la nevera se echaría a perder.

124

De pronto pensé que con el apagón
la ciudad necesitaba refuerzos.
Mamá me sugirió hacer unos cartelones.
Uno de color rojo, con la palabra PARE,
y otro de color verde que dijera SIGA.
Ella me ayudó a colorearlos.

En la calle, usando chalecos fluorescentes
movíamos las señales que dibujamos. Así
unos carros paraban para que otros
pudieran pasar. El tráfico mejoró y ese día
fuimos los refuerzos del tráfico.

Paquito

por Mara Mahía

Sufijos –*able*, –*ible*

adorable   comestible   disponible   impensable
imposible   inaceptable

Palabras de uso frecuente

casi   idea   mañana
momento   tanto

127

—¡Es inaceptable! —dijo papá, sin dejar de mirar la carretera.

—¡Impensable! —dijo mamá.

—¿Qué? —pregunté yo.

—La gente que viaja en ese carro ¡acaba de abandonar un perrito!

—¿Qué acaban de abandonar qué?
—pregunté.
En ese momento, papá estaba
aparcando el auto. Ahora podía ver
el perrito. Era un cachorrito de color
blanco y negro.

Miré a mis padres. Mamá se había
puesto de rodillas y le acariciaba el
lomo. Papá estaba rascándole la cabeza.
—No lo podemos dejar aquí
abandonado. Es adorable —dije con
cara de pena.

—Lo cuidaré yo —dije muy convencido.

—¿Lo vas a pasear antes de ir a la
escuela? —preguntó papá.

—Sí —dije muy decidido.

—Yo lo ayudaré —dijo mamá.

—Yo también estaré disponible —dijo
papá.

—Así será imposible que no lo logre
—dije muy seguro.

—¿Cómo lo vas a llamar? —preguntó
mamá.

—¡Paquito! —dije sin pensarlo dos
veces.

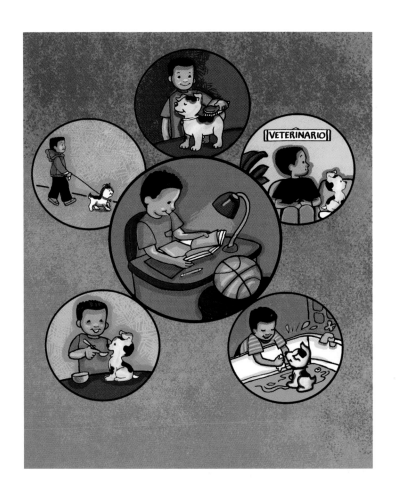

A Paquito le gustaba mordisquear todo,
aunque no fuera comestible. Y también
a todas horas quería salir a la calle.
Todos los días me levantaba a las seis
de la mañana, para pasear a Paquito.

No tenía ni idea de que cuidar a una
mascota podía cansar tanto. Tuve que
llevarlo al veterinario cuando estaba
enfermo, cepillarle el pelo y bañarlo.
Pero casi sin darme cuenta mi perrito
creció y se hizo muy educado.

El terrible Luis

Sufijos *-able, -ible*

apacible	desagradables	formidable
horrible	incansable	inflables
inolvidable	posible	responsable
sensible	temible	terrible

Palabras de uso frecuente

aprender fiesta globos pronto vez

Luis era terrible. Cada vez que había una fiesta, se divertía explotando globos para asustar a sus amigos. Era incansable para hacer esas bromas desagradables.

"Tienes que aprender a ser responsable y sensible hacia los demás", le decía su mamá.

135

Sus amigos ya estaban cansados de que arruinara las fiestas. Así que idearon un plan formidable. ¡Iban a llenar los globos inflables con harina la próxima vez!

En la fiesta siguiente, todos querían que el temible Luis explotara los globos como siempre. Cuando de pronto se oyó un fuerte ¡pum!, sus amigos miraron a Luis. Parecía un muñeco de nieve, cubierto de harina. Todos se rieron de él.

"¡Esto no es posible!", pensó Luis avergonzado. Entonces, se despertó del susto. Había sido un sueño desagradable. A partir de ese día, Luis se volvió más apacible. ¡Fue un sueño horrible, pero inolvidable!

Un sueño increíble

por Mara Mahía

Sufijos –able, –ible

agradable increíble inevitable insoportable
insufrible terribles

Palabras de uso frecuente

claro hambre nadie
siempre tanto

137

Yo estaba en mi jaula pasándola
increíble, jugando con mi rueda.
Sabía que pronto Pedro me traería el
desayuno. De tanto jugar me dio sed.
¡Qué bueno sería beber agua fresca!

Pero cuando fui a beber, sólo salió una gotita. ¡No había agua!

"No tengo agua" grité desesperado. Pero claro, como soy un hámster nadie entiende lo que digo. Grité de nuevo: "¡Tengo una sed insoportable!"

Pedro es muy agradable y bueno.
Me cambia el agua y la arena todas
las mañanas. También me sirve el
desayuno. Pero hoy nadie se acordaba
de mí.

Me puse nervioso. Eran ya más de las
doce. Tal vez Pedro ya no quiere jugar
con su hámster. Tal vez prefiere tener
una tortuga o un gato. ¿Un gato? ¡Qué
horror! Pensé cosas terribles.

También pensé que cuando uno tiene mucha hambre, empieza a pensar cosas raras. Es inevitable, será el hambre, me dije. Pedro me quiere mucho. Siempre jugamos a hacer trucos de magia.

Tenía tanta hambre que ya no podía
más. Era insufrible. Decidí tumbarme
a dormir. Tal vez así, Pedro vendría
otra vez y de nuevo podríamos jugar
a hacer magia. Me dormí soñando que
jugaba con Pedro.

Me desperté de una pesadilla. Soñaba
que era Rolando, mi hámster y que
Pedro, o sea, yo mismo me había
olvidado de darme agua y comida.
Corriendo fui a ver a Rolando. ¡Qué
sueño más increíble!

Perico, Perica Pelillo y Plumilla

por Mara Mahía

Sufijos –ito, –ita, –illo, –illa, –ico, –ica

amiguitos	carticas	cuartico	gatito
Pelillo	pelillos	periquito	pequeñita
Plumilla			

Palabras de uso frecuente

amigos	bien	puede
vida	vivir	

Perico y Perica son vecinos y muy
buenos amigos. A los dos les gusta
jugar al futbol y al básquetbol.
Perico tiene un gatito. Perica tiene un
periquito. El gatito se llama Pelillo y el
periquito se llama Plumilla.

146

Pelillo es blanco y negro y tiene muchos pelillos en el hocico. Plumilla tiene muchas plumas amarillas y verdes. Plumilla y Pelillo se llevan muy bien. Perico y Perica se escriben carticas contando la vida de sus mascotas.

Los cuatro pasan mucho tiempo juntos.
Cuando Perico no puede cuidar de
Pelillo, Perica lo hace por él. Y cuando
Perica no puede cuidar de Plumilla,
Perico la cuida. Plumilla es pequeñita y
Pelillo muy bonito.

Cuando Perico tiene práctica de básquetbol, Perica le da de comer a Pelillo. Una vez, cuando Perico se fue de vacaciones, Pelillo se quedó con Perica. A Pelillo le gustó mucho vivir con Plumilla y con Perica.

Cuando Perica tiene práctica de futbol,
Perico le da de comer a Plumilla.
Cuando Perica se fue de vacaciones,
Perico se quedó con Plumilla. A Plumilla
le gustó mucho vivir con Pelillo y con
Perico.

Una vez Perico no encontraba a Pelillo.
Perica y Perico lo buscaron por todo el
cuartico, en el armario, debajo de la
cama y hasta dentro de la nevera. ¡Por
fin Plumilla lo encontró durmiendo en la
bañera!

Perico estaba muy contento de haber encontrado a Pelillo.

—¡Gracias Plumilla! —dijo Perico.

—¡De nada Perico! —dijo Perica.

Perico y Perica, Pelillo y Plumilla son vecinos y muy buenos amiguitos.

La trompetica de Jorgito

Sufijos *-ito, -ita, -illo, -illa, -ico, -ica*

cancioncita	ojitos	orejillas
perrito	pesadilla	pitico
pobrecillo	ratito	ruidito
taponcitos	tardecitas	trompetica

Palabras de uso frecuente

escuela   fuerza   porque   ser   una

"¡Quiero ser músico!", dijo Jorgito a sus papás un día. Así que le regalaron una trompetica por su cumpleaños. "Tengo que practicar mucho para ganar el concurso de la escuela", pensaba Jorgito. Así que se pasaba las tardecitas tocando la misma cancioncita.

153

El sonido era tan molesto que hasta a su perrito le dolían sus orejillas. "¡Guau, guau!", ladraba con ojitos tristes el pobrecillo. "¡Tararí, tararí!", repicaba con fuerza la trompetica de Jorgito.

Los vecinos se quejaban porque el interminable pitico era una pesadilla. "¡No podemos descansar ni un ratito!", decían.

La mamá de Jorgito decidió comprarles a todos taponcitos para los oídos. Así no tenían que oír el ruidito de la trompetica. Cuando Jorgito ganó el concurso, todos en el edificio se pusieron loquitos de contentos. "Ya no tendrá que practicar tanto con la trompetica", pensaban aliviados.

Un poquito de ruidito

por Mara Mahía

Sufijos –ito, –ita, –illo, –illa, –ico, –ica

chiquilla	cuartico	cuentico	Juanita
Pepita	poquito	regalillo	ruidito
tontica	viejita		

Palabras de uso frecuente

además	durante	palo
señora	siguiente	

155

—¡Más ruido! —dijo la señora Pepita—.
La viejita tenía su cuartico de tejer
debajo de la sala de Juanita. A
Juanita le gustaba oír música pero
la música no dejaba que doña Pepita
se concentrara para tejer.

—¡Baja esa música! —gritó la señora
Pepita, golpeando el techo con el palo
de su escoba. La chiquilla no podía
oírla. La música estaba muy alta.

—¡Ya me cansé de este cuentico! —dijo
enfadada.

Un día subió a casa de Juanita.

—No puedes poner la música tan alta —dijo la señora Pepita.

—Señora Pepita, lo siento muchísimo. No volverá a suceder —dijo Juanita.

Al día siguiente, Juanita estaba
probando sus patines nuevos en el
pasillo de la casa.
La señora Pepita no podía tejer.
—¡No seré tontica! —dijo la viejita.

La señora Pepita subió otra vez a casa
de Juanita.

—¡El ruido es horrible! —dijo.

—Señora Pepita, lo siento muchísimo.
No volverá a suceder —dijo Juanita.

Al día siguiente, la señora Pepita no oyó ningún ruido. "¡Qué silencio!", pensó la señora Pepita mientras tejía. Y así durante una semana no escuchó nada. Ni un ruidito. "Qué raro", pensó la señora Pepita.

La señora Pepita subió a verla.

—Juanita —dijo la señora Pepita—.
Si quieres puedes poner un poco de
música. Además te traje un regalillo.
Le había tejido un suéter.

Invisible y Rampante

por Mara Mahía

Librito de práctica de fonética

25A

Palabras con *m* antes de *b* y *p* y con *n* antes de *v*

embrollen	envejecido	implacable	importantísimo
incertidumbre	Invisible	limpiar	limpió
Rampante	también	tiempo	

Palabras de uso frecuente

casi	familia	mientras
ratón	sin	

—Recuerden —dijo el ratón
envejecido—, nunca dejen migajas de
queso sobre la mesa. ¡Im-por-tan-tí-si-mo!
La familia regresa a las siete
—explicó—, si ven migajas cuando
entren será como invitarlos a que nos
embrollen.

164

Vayan ahora y aprovechen para comer algo. El gato está durmiendo.

—¡Qué bien! —dijo Rampante— tengo un hambre implacable.

—Yo también —dijo Invisible— vamos rápido.

Invisible y Rampante comieron pan,
cereales y queso, mucho queso. Para
ellos el queso era un elixir. Tenían suerte
de que la familia viajaba mucho y que
el gato se pasaba el día durmiendo.

Invisible y Rampante comieron y
jugaron al futbol con unas uvas.
Cuando Rampante se fijó en la hora,
faltaban dos minutos para las siete.
—Invisible, tenemos que irnos, mira la
hora —dijo Rampante.

—Espera, antes tenemos que limpiar
—dijo Rampante.
—No hay tiempo —dijo Invisible y
salió corriendo justo cuando se abría la
puerta de la cocina. Rampante sólo tuvo
tiempo de ocultarse entre unas uvas.

Cuando Invisible regresó estaba casi sin oxígeno.

—¿Dónde está Rampante? —preguntó el maestro lleno de incertidumbre.

—¿Rampante? —respondió Invisible.

—Sí ¿dónde está? —insistió el maestro.

Invisible estaba muy asustado. Pero
entró de nuevo en la cocina. Se subió
por el mostrador y llegó hasta las uvas.
Limpió las migajas de queso con mucho
cuidado.

—Rampante, vámonos —dijo Invisible.

El invento de Humbertico

Palabras con *m* antes de *b* y *p* y con *n* antes de *v*

acompañar   acostumbraba   asombrados
conversar   impostor   invencibles
inventando   invitar   simpático
sombrero

Palabras de uso frecuente

cada   madre   mañana   tarde   ustedes

Humbertico era un leoncito tímido. "Todos creen que los leones somos invencibles", pensaba. "Mejor me pongo un sombrero y me pinto rayas de tigre para que mis nuevos amigos no me tengan tanto miedo".

Amparo Jirafa y Tito Gorila no sabían que era un impostor. Creían que era un tigrecito simpático.

Cada tarde acostumbraba llover en la selva. Entonces Humbertico dejaba de conversar y salía corriendo. "Si me mojo verán que soy un león y no me querrán", pensaba.

"No te vayas. Te vamos a invitar a merendar", decían sus amigos. "Debo acompañar a mi madre", contestaba Humbertico, inventando una obligación.

Un día llovió por la mañana y sus rayas se borraron.

—¡Desaparecieron tus rayas! —dijeron asombrados sus amigos.

—Pensé que ustedes me querrían más así —dijo Humbertico avergonzado.

Pero sus amigos aún lo querían, por ser bueno y amable.

Humberto el Exagerado

por Mara Mahía

Palabras con *m* antes de *b* y *p* y con *n* antes de *v*

cambiar	comprendía	convencido	conversador
desenvoltura	ejemplo	empanadas	empezó
Humberto			

Palabras de uso frecuente

animales	nadie	patas
porque	verdad	

Humberto era un niño normal, pero un poco exagerado. Por ejemplo, si en el partido de futbol había metido dos goles, decía que había metido mil. Si horneaba una torta, decía que había horneado la mejor torta del mundo.

Humberto era muy conversador y
hablaba muy convencido de sus
palabras. Decía haber visto animales
en la calle. Un elefante verde y una
cebra de rayas horizontales. Todos
preguntaban: ¿Cuál será su próxima
exageración?

Humberto no era un buen lector.
Nunca reconocía la idea principal de
un cuento y cometía muchos errores.
Su amiga Auxiliadora le explicó que
ser exagerado confunde a la gente. Así
empezó a cambiar.

Humberto era buenísimo en
matemáticas. Eso no era una
exageración. Era la pura verdad. Era
tan bueno en matemáticas que un día
Auxiliadora le pidió ayuda. Auxiliadora
no comprendía la división.

Por supuesto, ahora que Humberto
sabía leer, quiso ayudar a Auxiliadora.
—Vas a sacar ciento uno en
matemáticas —dijo Humberto.
—¿Ciento uno? —dijo Auxiliadora—
No exageres. ¡Y trae el cero!

Con desenvoltura, Humberto le explicó
la división a Auxiliadora. Humberto
dividía por dos, cinco y hasta diez.
Dividía pedazos de pizza, tortas,
elefantes, ríos, empanadas y hasta
patas de araña.

El día del examen Humberto sacó cien.
Pero Auxiliadora sacó ciento uno.

—¡Ciento uno! —dijo Auxiliadora al ver
el resultado del examen.

—¿Ciento uno? ¡Olvidaste el cero!
—se rió Humberto.

180

Una novedad del béisbol

por Luerlis Becerra

Sufijos *-mente, -dad*

actualidad	agilidad	amabilidad	bondad
humildad	injustamente	lentamente	novedad
posibilidad	realidad	sumamente	vecindad
velozmente	verdad		

Palabras de uso frecuente

así	fue	joven
misma	siempre	

181

Jackie Robinson fue una novedad en las
Grandes Ligas de béisbol. Injustamente,
en el pasado no permitían a los
jugadores afroamericanos jugar con los
blancos. Gracias a Robinson, ya no es
así en la actualidad.

182

El cambio sucedió lentamente. En
nuestro país había personas de muchas
razas, pero cada raza tenía que vivir
en una vecindad separada de la misma
ciudad. Esa separación se llamaba
segregación.

Desde joven, Jackie era un atleta
extraordinario. Jugaba muy bien
al futbol y al básquetbol. Corría
velozmente. Sus compañeros de juegos
lo querían por su humildad y bondad.

El gran deseo de Jackie era jugar en las
Grandes Ligas de béisbol. Pero sabía
que era un sueño sumamente difícil de
alcanzar. En la realidad de aquellos
tiempos, eso no era una posibilidad.

Un día, un entrenador de los Brooklyn Dodgers vio jugar a Jackie. Quedó maravillado por su agilidad y su talento. En 1947, ese importante equipo de las Grandes Ligas contrató a Jackie Robinson.

Como Jackie fue el primer jugador
afroamericano de las Grandes Ligas,
al principio mucha gente lo insultaba.
El joven Jackie se sentía desilusionado.
Otros, como su entrenador Leo
Durocher, lo defendían y lo trataron
siempre con amabilidad.

Con el tiempo, el talento de Jackie convenció a muchos que eso era lo más importante, no el color de su piel. En 1962 fue elegido al Salón de la Fama del Béisbol. ¡Jackie Robinson fue una novedad y una estrella del béisbol!

Una visita de casualidad

Sufijos -mente, -dad

amabilidad	cantidad	casualidad
facilidad	justamente	lamentablemente
posiblemente	realidad	realmente

Palabras de uso frecuente

gusta   ir   nombre   país   para

Estábamos listos para ir a la final de futbol, pero a papá se le olvidó comprar las entradas. Lamentablemente ya no quedaban.

Mamá sugirió la posibilidad de ir al museo. Justamente había una exposición de su pintor favorito. Su nombre es Vincent Van Gogh.

Con mucha amabilidad, un guía nos explicó quién fue ese pintor. Nació en Holanda, un país que está al norte de Europa. Allí hay otro museo que lleva su nombre y tiene gran cantidad de sus obras. "¡Posiblemente el próximo año iremos a visitarlo!", dijo mamá feliz.

Las pinturas que vimos son realmente maravillosas. El guía nos explicó que Van Gogh pintaba con mucha facilidad y utilizaba colores muy vivos.

En realidad, valió la pena que no hubiera entradas para la final de futbol. Así fuimos al museo de casualidad, pero nos encantó. Ahora el arte me gusta tanto como el futbol.

La Finalísima

por Mara Mahía

Sufijos –mente, –dad

autoridad	claramente	cordialidad	fácilmente
realidad	realmente	seriamente	verdaderamente

Palabras de uso frecuente

abuela	comida	mejor
mientras	vez	

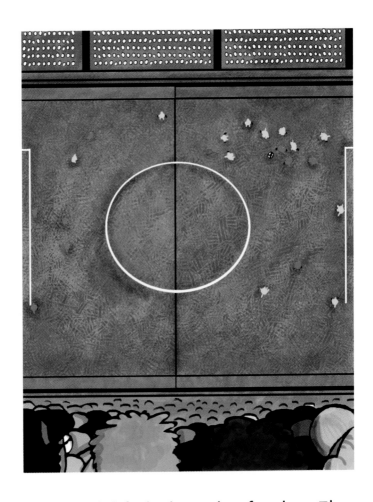

Lo mejor del futbol son las finales: El último partido de un campeonato. En casa, a la final de los campeonatos la llamamos "La Finalísima". Cuando llega una, preparamos muy seriamente una fiesta para verla.

La primera vez que vi La Finalísima
de la Copa América la pasé
buenísimo. Mis abuelos vinieron desde
Sacramento. Tía María y tío Sam, desde
Maine. Mis hermanos y yo estábamos
realmente entusiasmados.

Mamá, papá, la abuela y las tías se despertaron muy temprano. El día anterior mamá nos dijo a todos que teníamos que cocinar juntos. En la cocina reinaba la cordialidad.

Papá hizo unos tamales verdaderamente ricos. La abuela, que es buena cocinera, dijo que ella le había enseñado. El abuelo dijo que en realidad había sido él. Papá dijo que había aprendido él solito. Todos nos reímos.

El abuelo nos contó con mucha
intensidad que había sido arquero.
También nos dijo que en 1978, vio
la final del Campeonato del Mundo.
Argentina ganó con autoridad a
Holanda en el Estadio de River Plate, en
Buenos Aires.

Paco, Tania y yo ayudamos a poner la
mesa y a servir refrescos. La comida
estaba buenísima. Mientras comíamos,
hablamos sobre quién ganaría La
Finalísima. Estábamos claramente
divididos.

Paco y Tania estaban de acuerdo.
La abuela estaba de acuerdo con
papá. Tío Sam no dijo nada, porque
no entiende el futbol. Yo lo decido
fácilmente:
¡El que meta más goles!

Mi primer Cuatro de julio

por Mara Mahía

Acentuación: *Palabras agudas*

azul	cantar	celebración	comer
declaración	están	explicó	gustó
lanzar	leer	mamá	mirar
país	papá	pared	pasó
primer	quedó	reunirá	será
también	verán		

Palabras de uso frecuente

bien	cantar	casi
gran	país	

1 de julio de 1777

Querido diario: Ya pasó un año desde nuestra independencia de Inglaterra. El pueblo se reunirá para comer, cantar y para leer la Declaración de Independencia.

La Declaración de Independencia la
escribieron hace un año, el cuatro de
julio de 1776. Papá dijo que ese fue
un día histórico. La Declaración de
Independencia nos ha convertido en un
país libre.

2 de julio de 1777

Querido diario: Algunos vecinos están cosiendo una gran bandera de nuestro país. Tiene 13 estrellas blancas sobre un fondo azul y 13 barras blancas y rojas.

Mi hermanito Bill y yo dibujamos la
bandera. Mamá la puso en una pared
de la sala. Las estrellas nos salieron muy
bien pero las barras están torcidas. A
mamá y a papá les gustó mucho.

3 de julio de 1777

Querido diario: Los vecinos se reúnen
para hablar de la celebración. Parece
que será una gran fiesta con fuegos
artificiales.

Mamá me explicó cómo son los fuegos artificiales. También me dijo que ella nunca los ha visto. Papá dice que los van a lanzar tan alto que se verán desde las trece colonias.

4 de julio de 1777

Querido diario: El Cuatro de julio ha sido increíble. La bandera también quedó muy bonita. Yo me puse a mirarla ¡y casi me olvido de mirar los fuegos!

Un símbolo de libertad

Acentuación: Palabras agudas

amistad	celebrar	colocó
convirtió	Declaración	está
humanidad	libertad	llegó
opresión	país	regaló

Palabras de uso frecuente

desde   lugar   país   también   vez

La Estatua de la Libertad está en Nueva York. Se la regaló Francia a nuestro país en 1886 para celebrar los cien años de la Declaración de Independencia. Fue un gesto de amistad entre los dos países.

La estatua llegó en barco desde Francia. La trajeron desarmada en muchas cajas. Una vez armada, se colocó en un lugar donde la pudieran ver los inmigrantes europeos que llegaban a nuestro país en barco. Por eso está en una isla, en la bahía de Nueva York.

Hoy en día la estatua forma parte del patrimonio de la humanidad. Eso quiere decir que tenemos que conservarla para que nuestros hijos y nietos también la puedan conocer.

La Estatua de la Libertad se convirtió en un gran símbolo de los Estados Unidos. Representa la libertad de nuestro país.

Todos juntos

por Mara Mahía

Acentuación: Palabras agudas

acción	celebración	común	está
festejar	país	pastel	primer
también			

Palabras de uso frecuente

algo	cada	como
país	siempre	

209

Cada celebración festeja algo. Como cuando tú festejas tu cumpleaños. Cuando haces una fiesta con tus amigos, abres regalos y apagas las velas de un pastel. Todas las fiestas de cumpleaños tienen siempre un pastel.

También todas las celebraciones de
nuestro país tienen algo en común.
¿Sabes qué es? El primer día de enero
comienza el nuevo año. La gente
festeja, pero hay algo más… ¿Sabes
qué es?

El tercer lunes de febrero se celebra el
Día de los Presidentes. Ese día se hacen
desfiles y en muchos estados hay fuegos
artificiales. Pero también hay algo
más...

El último lunes de mayo se celebra el
Día de los Soldados caídos. Ese día
se conmemora a los soldados que
defendieron nuestro país en todas las
guerras. Hay discursos y desfiles. Pero
también hay algo más...

El Cuatro de Julio se celebra el Día
de la Independencia. Ese día salimos
a festejar nuestra independencia con
desfiles, fiestas y fuegos artificiales.
Pero también hay algo más...

El cuarto jueves de noviembre
celebramos el Día de Acción de
Gracias. Ese día recordamos que
hace muchos años, los indígenas
norteamericanos ayudaron a los
colonos.

¿Ya sabes qué es? ¿Qué hay siempre
en todas estas celebraciones? Si te fijas
bien, en todas estas celebraciones está
siempre ¡la bandera de nuestro país!
Con la bandera, siempre celebramos
todos juntos.

216

Cuando Berto y yo éramos pequeñitos, la abuela Pilar nos regaló una colcha de retazos. En cada retazo cosió un trocito de su vida. En un cuadro había unas montañas, en otro había bordado unas tortillas.

Queríamos regalarle algo especial.
—Mamá, ¿qué le regalaremos a la
abuela? —pregunté.
—Lo que quieras hija —dijo mamá.
—Podemos regalarle una colcha con
nuestra historia —dijo Berto.

—Excelente, así cuando la vea se
acordará de nosotros —dije yo.
—Muy buena idea —dijo mamá.
Entonces nos pusimos a buscar fotos y
recuerdos. En un álbum había una foto
de Berto bebé y la abuela.

221

Durante semanas estuvimos buscando fotos. No fue fácil. También nos tomamos fotos nuevas. Teníamos fotos desde el día que nacimos hasta el día de ayer. Teníamos la historia de nuestras vidas en fotos. ¡Qué divertido!

Entonces mamá nos ayudó a imprimirlas
en tela. Las fotos de papel no se pueden
coser. Primero tienen que estar en tela.
Usamos telas de diferentes colores.

Con la ayuda de mamá aprendimos a coser. No es tan difícil como parece. La abuela Pilar se puso contentísima. Dijo que Berto y yo le habíamos regalado ¡la mejor historia del mundo!

Una noche sin luz

Acentuación: *Palabras graves*

álbum	debía	dibujos	difícil
enojada	fácil	hacemos	historias
jugando	lápiz	porche	rancho

Palabras de uso frecuente

agua   contar   luz   tío   vida

Estábamos mirando la televisión cuando se fue la luz.

—¡Caramba! ¿Qué hacemos ahora? —dijo Sandra enojada.

—Muchas cosas —dijo el tío Paco. Él recordaba historias que le habían contado sus abuelos.

Encendió una vela y las comenzó a contar.

—Mis abuelos vivían en un rancho donde no había luz —dijo tío Paco—. Miren este álbum de dibujos a lápiz. Los hizo mi abuela. Casi todas las tardes se sentaba en el porche a dibujar. Entonces no había televisión.

Sandra miraba a su tío con interés. "La vida sin luz no era tan aburrida", pensó.

—Tampoco tenían agua como nosotros la tenemos hoy —dijo tío Paco—. La sacaban de un pozo. Luego la cargaban en cubos hasta la casa. La vida era muy difícil. Hoy todo es más fácil. ¿No crees, Sandra?

Sandra sonrió. No tenía que enojarse. Pronto volvería la luz.

226

Una composición del pasado

por Mara Mahía

Acentuación: Palabras graves

abrazo	algo	conocía	deben
día	dijo	fiestas	gracias
había	hábil	justo	lata
leías	maestra	María	pasado
pavo	recuerden	sabía	siempre
tenía	terminado		

Palabras de uso frecuente

abuela	algo	contar
siempre	siguiente	

—Y recuerden, deben entregar la
composición después del Día de Acción
de Gracias —dijo la maestra Julia.
—Qué lata —dijo María— siempre
tenemos que entregar una composición
justo después de las fiestas.

—Yo ya la escribí —dijo Carlos.
A veces María se preguntaba si Carlos
leía el pensamiento de la maestra Julia.
—¡Qué hábil! —dijo María un poco
aburrida—. Pero yo aún tengo que
escribirla.

Al día siguiente María fue con su papá
a la estación a buscar a los abuelos.
—Papá —dijo María mientras
esperaban— tengo que escribir una
composición sobre algo del pasado.

—El abuelo sabe todo sobre el
pasado —dijo el papá.
Cuando llegaron los abuelos María
estaba contentísima.
—¡María! —gritaron sus abuelos
dándole un abrazo.

Ese día todos colaboraban en la cocina.
—Abuela, tengo que escribir una
composición sobre el pasado —dijo María.
—¿Sobre el pasado? Habla con el
abuelo. Él sabe todo del pasado —dijo
la abuela.

El abuelo realmente sabía mucho del
pasado.

—Cuando yo tenía tu edad, no hablaba
inglés —dijo el abuelo—. Tampoco
conocía a tu abuela y era tan pequeño
como tú.

Además a tu papá le encantaba que
le contara historias. El abuelo habló
mientras María lo apuntaba todo.
Cuando el pavo estuvo listo, María ya
había terminado su composición.

Preparándose para ser vaquera

por Mara Mahía

Acentuación: Palabras esdrújulas

cómodos	fanática	hábitos	poniéndoles
poniéndote	preparándose	protegiéndote	Simpático

Palabras de uso frecuente

casi	llevar	mejor
primero	ropa	

Soy fanática de las botas de vaquero.
Mejor dicho de vaquera. Papá me las
regaló por mi cumpleaños y hoy las voy
a estrenar. Hoy llega ganado nuevo y
papá me dejará ayudarle en el rancho.

Para trabajar en un rancho hay que vestir ropa apropiada. A veces hace mucho calor y hay que estar muchas horas con las vacas o los caballos. Poniéndote un sombrero te proteges bien del sol.

Necesitas llevar *jeans* o pantalones vaqueros cómodos. Sobre los jeans necesitas un zahón. El zahón es como un mandil de cuero que cubre por delante, protegiéndote las piernas de los arbustos o el ganado.

238

Las botas de vaquero o de vaquera son
muy importantes. Primero, sirven para
proteger la pierna casi hasta la rodilla.
La punta afilada sirve para meter el pie
en el estribo de la silla del caballo. El
estribo es donde metes el pie al montar.

239

También necesitas unos guantes buenos.
En el rancho debes usar herramientas
para arreglar un cercado o para limpiar
el terreno de arbustos. Así estarás
protegido de la cabeza a los pies.

Mi caballo se llama Simpático. Es
blanco y negro. Conoce muy bien los
hábitos de las vacas. Papá dice que
a veces parece que Simpático piensa
como una vaca. Por eso es el caballo
perfecto para el rancho.

Hoy papá y los otros vaqueros han
juntado todas las vacas nuevas. Para
saber cuáles son las nuestras, estamos
poniéndoles una chapita en la oreja.
Así las diferenciamos de otras vacas.
¡Me gusta ser vaquera!

La sorpresa del último regalo

Acentuación: Palabras esdrújulas

acérquense	cantándole	círculos
cómico	cómodo	dóciles
hablándole	pálido	poniéndose
rápido	teléfono	último

Palabras de uso frecuente

después   mami   pero   siguiente   uno

Mis abuelos le dieron una gran sorpresa a mi hermanito Tony por su cumpleaños. Fue el último regalo que abrió. Adivinen qué era: ¡un caballo miniatura! Tony se puso pálido de alegría.

—¡Me encantan los caballos! —exclamó, poniéndose las manos en la cabeza—. Será la estrella del rancho. ¡Acérquense a tocarlo!

¡Qué cómico se veía Tony con su caballito! Los dos tenían casi el mismo tamaño, pero uno andaba más rápido que el otro.

—¡Es más chiquitico que la lámpara del salón! —dijo mami bromeando, y después añadió—: Hay que buscarle un lugar cómodo en el establo.

Al día siguiente, Tony llamó por teléfono a sus amiguitos para que vinieran a ver su regalo. Una y otra vez pasearon en círculos alrededor de la casa, hablándole y cantándole al oído. ¡Qué suerte que esos caballitos son dóciles!

¡Domestícame!

por Mara Mahía

Acentuación: Palabras esdrújulas

acérquense	cómico	diciéndote	domestícame
hablándote	háblenle	mírenle	preocupándose
rascándole	tóquenlo		

Palabras de uso frecuente

dormir	nadie	porque
primero	también	

—Los nuevos caballos son salvajes
—dijo Mario.

—¿Cómo que son salvajes? —dijo
Valeria.

—Salvajes quiere decir que nunca han
sido montados por nadie —explicó Mario.

246

—¿Ese potrillo tan bonito, también es
salvaje? —preguntó Valeria.

—Sí, aunque es pequeño todavía no ha
sido domesticado —respondió Mario.

—¿Domesticado? —preguntó Valeria
con curiosidad.

—Sí. Aún no conoce a los humanos y les tiene miedo. Por eso hay que domesticarlo.

—¿También tiene miedo de los niños? —preguntó Valeria, preocupándose.

—Sí, porque todavía no nos hemos hecho amigos —explicó Mario.

—¿Cómo se domestica un caballo?
—preguntó Valeria.
—Papá dice que hay que hablarles muy suave y mirarlos a los ojos.
—¡Qué cómico, mamá hace lo mismo cuando vamos a dormir! —dijo Valeria asombrada.

El papá de Valeria era muy bueno con el lazo. Primero enlazó la mamá del potrillo y así lo tuvo cerca, ya que éste no se separaba de su mamá.

—¡Mira! —gritó Valeria—. Papá va a domesticar al potrillo.

—Acérquense despacito—dijo el
papá—. Les voy a enseñar a domesticar.
El potrillo no estaba atado con el lazo.
—Tóquenlo suavemente. Háblenle con
cariño. Mírenle a los ojos —dijo el
papá.

Valeria estaba bastante asustada.

—No tengas miedo —le dijo Valeria rascándole la cabeza.

—Mira —dijo Mario—. Está hablándote. Diciéndote: ¡Domestícame!

Las quesadillas de la Sra. María

por Mara Mahía

Abreviaturas

Dr.   Sr.   Sra.   Srta.

Palabras de uso frecuente

abuela   algo   claro

mañana   siempre

—Mañana es Cinco de Mayo —dijo
la Srta. Julia—. ¿Saben qué vamos a
celebrar?

—La independencia de los Estados
Unidos —dijo Ernesto, que era un poco
despistado.

Toda la clase se rió bastante; todos,
menos Ernesto, claro.

—Mañana celebramos la Batalla del
Cinco de Mayo contra los franceses
—dijo Marina, que siempre sabía casi
todo.

—Los franceses de Francia, gobernaron México en el siglo XIX. Pero, en 1862 hubo una batalla en Puebla. Los mexicanos ganaron esa batalla y los franceses se tuvieron que ir —explicó la Srta. Julia.

—El director de la escuela quiere que mañana todos traigamos algo de comer. También haremos un cartel, contando la historia del Cinco de Mayo. ¿Qué les parece? —preguntó la Srta. Julia.

—¡Chévere! —dijeron todos los niños.

A Marina se le ocurrió hacer quesadillas y le pidió a su mamá que le enseñara.

—Claro —dijo la Sra. Rosa— será un placer. Tu tatarabuela le enseñó a tu abuela, tu abuela a mí y ahora yo te enseñaré a ti.

Cuando el Sr. Pedro llegó, encontró a su esposa, la Sra. Rosa y a su hija Marina, cocinando quesadillas.

—¿Qué huele tan rico? Huele a las famosas quesadillas de la abuela María.

La fiesta fue todo un éxito. La Srta.
Julia y el Dr. López dijeron:

—Qué ricas quesadillas. Saben como
las de la Sra. María de Puebla.

—¡Eso mismito! —dijo Marina muy
orgullosa.

El Sr. Canguro y el Sr. Armadillo

Abreviaturas

Avda.   Dpto.   Dra.   EE.UU.   Srta.   Sr.

Palabras de uso frecuente

estaba   lleno   mal   noche   ya

El Sr. Canguro era comelón y viajero. Un día se dijo: "Me apetece un buen taquito. Visitaré a mi amigo el Sr. Armadillo". Así que le anunció su visita en una carta y la mandó a esta dirección:

Sr. Armadillo

Avda. de la Cueva 3

Dpto. Sótano

Texas, EE.UU.

261

En cuanto llegó, los amigos se fueron a comer deliciosos taquitos, enchiladas y quesadillas. Por la noche el Sr. Canguro se sentía mal.

—¡Me siento muy lleno! —dijo—. Creo que hay que llamar a un doctor.

—Voy a llamar a la Dra. Tortuga —dijo su amigo amablemente y habló por teléfono—:
Por favor, Srta. Culebra, comuníqueme con la Dra. Tortuga.

La doctora le preguntó qué síntomas tenía su amigo. El señor Armadillo iba a explicárselo, pero entonces vio que su amigo estaba ya roncando feliz.

Saludos, Dra. Brisa del Viento

por Mara Mahía

Abreviaturas

Dra.   Srta.

Palabras de uso frecuente

algo	palo	propios
verdad	vida	

Estimada Srta. Roberta:
Queremos invitar a su clase de segundo
grado a una fiesta *Pow Wow*. Esta es una
celebración de los indígenas
norteamericanos que se realiza con
música y danza. Además compartiremos
un consejo.

El consejo se hace para discutir los problemas en paz. Para esto se usa el "Palo Hablador" y la "Pluma que Escucha". La persona que habla sostiene un palo y la persona que escucha sostiene una pluma.

AMABILIDAD

SABIDURÍA

PAZ

Las personas que participan hacen sus propios palos. Cada uno tiene un mensaje. Por ejemplo: Si se hace de pino, el "Palo Hablador" simboliza la verdad. El arce representa amabilidad, y el olmo quiere decir sabiduría.

266

También el color y los adornos del palo indican algo distinto. Por ejemplo, para los Lakota, el color rojo indica vida, el amarillo indica conocimiento, el azul indica sabiduría y el púrpura indica curación de una enfermedad.

VERDAD

MEDICINA

PAZ

La "Pluma que Escucha" también
tiene su mensaje. La pluma de águila
representa la verdad. La de un pavo
indica paz, y la de un búho significa
que el consejo será como una
buena medicina.

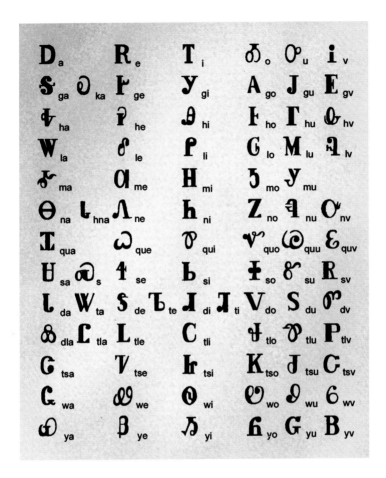

También podríamos enseñarle a los niños el alfabeto cheroqui. En este alfabeto cada letra es una sílaba y podrían escribir mensajes con él.
Muchos saludos,
Dra. Brisa del Viento

Querida Dra. Brisa del Viento:
Gracias por su invitación. Los niños
han hecho varios "Palos Habladores"
y estamos encantados de visitarlos.
Hasta pronto,
Srta. Roberta.